AF562505

ABRÉGÉ HISTORIQUE

DES

COTERIES GOUVERNEMENTALES

DEPUIS LEURS ÉTATS PRIMITIFS JUSQU'AU XIXe SIÈCLE
A L'ÉGARD DE LA NATION FRANÇAISE.

IMPRIMERIE GERDÈS, 10, RUE SAINT-GERMAIN-DES-PRÉS.

ABRÉGÉ HISTORIQUE

DES

COTERIES GOUVERNEMENTALES

DEPUIS LEURS ÉTATS PRIMITIFS JUSQU'AU
XIXe SIÈCLE
A L'ÉGARD DE LA NATION FRANÇAISE.

Par Noël PICOT.

PARIS
CHEZ GERDÈS, IMPRIMEUR.
RUE SAINT-GERMAIN-DES-PRÉS, 10.

1849.

ABRÉGÉ HISTORIQUE

DES

COTERIES GOUVERNEMENTALES

DEPUIS LEURS ÉTATS PRIMITIFS JUSQU'AU XIXe SIÈCLE A L'ÉGARD DE LA NATION FRANÇAISE.

Qu'est-ce que des coteries? Une agglomération d'hommes ou de leurs facultés, ou de parties toutes matérielles, devenant adhérentes, dépendantes d'un axe à l'état animé, qui fait mouvoir l'ensemble. Cet axe est idéal ou impalpable, ou il est principe immuable d'animation et de destruction. Alors il est matériel; son moteur d'action est donc le principe organisateur et le principe destructeur; son modérateur est le principe intelligent et conservateur, qui de degré en degré maintient l'harmonie et l'animation de l'univers. Revenant à l'homme, il est sur le globe terrestre première espèce, unique, la seule essentielle et premier genre, organisateur et destructeur; il en est de même de ses facultés, elles sont élémentaires à son égard, elles lui sont aussi destructives, dans leurs explosions imprévues, que les effets des trois élémens surhumains, l'air, l'eau et le feu, les épidémies, la peste. Dans l'un ou l'autre des cas, ce ne sont toujours que des particularités du principe destructeur appartenant au globe terrestre. Quant aux facultés des corps des trois règnes de la nature dans leurs développemens, l'homme peut seul en faire valoir toutes les facultés qui, du reste, sont toutes particulières à chaque espèce, genre et variété. Ces simples études préparatoires sont très-essentielles au sujet que je vais traiter, étant bien comprises. Je reviens aux agglomérations de l'espèce humaine; je les divise d'ensemble sur le globe en genres et coteries, dont chacune appartient à un axe de gravité sociale autour duquel se meuvent bon gré, mal gré, tous les membres de l'agglomération de la société. Cet axe est un homme ou un principe. Dans ce dernier cas, très-rare, l'homme et tous les membres de la société n'en forment plus qu'une; alors ils ne sont et ne peuvent être que les fonctionnaires alimentant ce principe dans les fonctions de la constitution de son genre de mécanisme d'existence sociale; par ce fait il doit être indestructible par l'homme-roi axe, ni par ces membres, puisqu'aucun d'eux ne doit le considérer comme sa propriété toute particulière. Mais il n'en fut pas ainsi dans les sociétés d'Europe : l'axe fut un homme, une coterie, ou plusieurs hommes héritiers, propriétaires des membres de la société, ce qui forma des coteries intestines particulières à chaque genre de société et des axes de gravité sociale mus par des systèmes appartenant à l'homme-roi, ou à sa coterie, tout aussi mortelle et fébrile l'une que l'autre. Les membres de ces sociétés ne peuvent donc pas prouver qu'ils sont indestructibles, pas plus que leur socialisation n'est surhumaine, puisque ces systèmes ne sont autres que le produit de leurs facultés, de leurs œuvres. En ce cas, ils sont donc bien solidairement responsables; ces hommes, ces axes de gravité, ces titres, ces coteries, sont donc la puissance agissante; leurs composés organiques de facultés sont les moteurs d'actions. L'homme réunit tout en lui; il est axe, il est son moteur, il est son modérateur, il est axe d'agglomération, d'attraction de son espèce et de toutes choses; ou il devient axe d'adhérence de l'homme ou de la chose; alors il ne s'appartient plus, mais bien à l'homme-axe d'attraction supérieure ou à la chose qui est le moteur d'action et de leur développement, qui est l'intérêt personnel. Ce tout de destruction vient donc de ses facultés diversement réparties entre l'espèce et retransmissibles par elle, entre elle, depuis son état primitif sur le globe terrestre, comme aussi de ses rapports d'intérêts divergens tout personnels d'où dépend son homogénéité, son organisation ou sa destruction entre elle; c'est ce qui fait qu'elles furent, qu'elles sont, tantôt ascensionnelles et deviennent rétrogrades, qu'elles ont varié et varient dans ces sociétés comme les axes de gravité sociale auxquels elles appartiennent. Il en est de même pour les genres de coteries ou axes de coteries existant dans ces sociétés, et *vice versâ* depuis l'état primitif de ces sociétés jusqu'à ce jour. Ainsi donc, peu importe l'historique plus ou moins ténébreux qu'instructif de toutes ces particularités du pouvoir-faire des facultés humaines de tous les siècles écoulés; elles sont toujours les mêmes. Peu importent ces hommes, axes de gravité souveraine, ou les titres qu'ils se sont donnés, ou les coteries intéressées à les diviniser. Quoi de moins immuable, n'étant pas le fait ni la conséquence d'un principe, mais bien des systèmes sociaux appartenant à l'homme, ou à la coterie libre d'en disposer tout individuellement? C'est le principe destructeur en combats incessans avec le principe organisateur toujours progressif d'ensemble sur le globe terrestre; il reste bien avéré que tous ces faits sont palpables, et toujours en fonctions sur la scène du globe terrestre. Inutile donc de se perdre en recherches historiques dans la nuit des temps, pour connaître de ce dont est capable l'espèce humaine contemporaine, comme aussi des mobiles qui les font se former en coteries. Il en est toujours de même d'un pôle à l'autre; le tout se résume en ce qu'elle est toujours libre de se devoir tout à elle-même, bonheur ou tourment, organisation, socialisation ou destruction, et, en tous temps, responsabilités ou récompenses terrestres et éternelles, qui en sont évidemment les justes conséquences; le principe réel social n'est et ne peut être que quand l'homme s'efface et ne devient que le fonctionnaire de ce mécanisme, et qu'aucune coterie ou autre ne peut devenir axe de gravité sociale ou remplaçant de l'homme déchu de la souveraineté. Je dirai donc : La nation française étant celle où les coteries ont obtenu les plus grands développemens, elle est la plus menacée de destruction entière ou la plus près de se socialiser, si la République peut les vaincre. Ne reste-t-il pas avéré que tour à tour elles se sont divisées, refusionnées, trônées et détrônées de telle sorte, qu'elles n'ont plus que la misère à trôner ou l'homme à l'état de bestialité, ou de férocité, ce qui représente les deux genres de roi que Jupiter envoya aux grenouilles demanderesses d'un roi? Pauvreté humaine! pauvre société! tels sont les résultats, les conséquences, les effets de l'homme libre, trôné, divinisé et propriétaire de la société, ou des coteries voulant trôner leurs idoles. C'est cet état, tout d'actualité, tout particulier à la nation française, que j'ai pris à tâche de démontrer, et cela sans rien altérer, ni amplifier sur les réalités.

Des différens genres de formations de coteries.

J'ai pris la naissance des coteries dans leurs sources primitives, dans les lois et fonctions immuables des principes de la nature; reste à faire très-succinctement connaître leurs genres de fonctions de toute éternité dans les sociétés : d'ensemble elles se composent de tous les membres d'une société; il reste de même à faire connaître le jeu, le développement qui leur est particulier. Je dirai tout d'abord comme enchaînement, quelques agglomérations d'hommes que ce soit, même à l'état sauvage, aussitôt que le sentiment de la famille se développe, autant de coteries; mais alors ces familles, où les aînés, où les plus courageux, où les plus rusés s'emparèrent de l'ensemble et de la direction de ces familles; alors formations de genres, de familles ou de coteries; première fusion de toutes dans une devenue la plus forte; par la ruse ou matériellement elles furent donc toutes assujetties à cet axe, qui devint l'axe de gravité sociale; vint après celui de l'idole et du prophète. Peu importent leurs progressions, leurs fusions de l'une dans l'autre, et les innombrables productions et exemples dus aux développemens des facultés humaines! peu importe que la nation française descende des sauvages ou des Germains! rien n'est changé quant au fond, sinon que l'homme féroce, l'homme voleur a plus conscience de ce qu'il fait. Ainsi le veut le développement intellectuel, appelé de la civilisation par les sociétés d'Europe. Devenues plus nombreuses et plus instruites, quant à la masse, ainsi donc elles se sont perdues dans la multiplicité de leurs titres, de leurs religions, de leurs législations et systèmes sociaux, dans leurs fécondités d'inutilités sans mérite artistique, et cela sans avoir cessé d'être divisées en trois coteries, se fusionnant de l'une dans l'autre par de sanglans combats, et sans cesser pour cela d'appartenir à trois axes de gravité sociale. Ces trois axes sont la puissance physique, la puissance intelligente et la puissance élémentaire populaire. Chacune de ces puissances, de ces coteries, fut tour à tour trônée, et, pas plutôt trônée, les deux autres devenaient des dépendances de la puissance souveraine. Ainsi donc, des milliers de siècles s'écoulèrent ainsi en débats ou combats incessans tout particuliers aux chefs et genres de coteries, soit entre elles ou dans le sein même de chacune d'elles. Sans fournir d'autres preuves que chaque chef fît valoir toute la somme de facultés et de matériaux d'action qu'il possédait, sans, dis-je, avoir fondé, systématisé à leur égard des freins modérateurs de leurs envahissemens insatiables, il reste donc avéré qu'elles n'ont que changé de moyens d'attaque et de titres, mais non de résultats destructifs d'ensemble social, ce que la suite va démontrer. Comme je l'ai dit, les membres de la nation française sont, de toutes les sociétés, les plus développés au bien et au mal. Ceux du bien furent ascensionnels et rétroactifs par périodes d'existences d'hommes; ceux du mal, ou de la destruction d'ensemble, jusqu'alors ascensionnels, et cela, malédiction en soit rendue aux criminels envahisseurs, antisociales idoles gouvernementales, ou voulant le devenir. Pourtant, pour peu que leurs idolâtres populaires interrogent l'historique, les résultats de leurs prédécesseurs, ainsi que l'existence intime de leurs contemporains, ils en connaîtront assez pour cesser de leur servir de matériaux d'attaque, pour, en gain de cause, n'avoir pour curée que quelques aumônes, et la responsabilité terrible de l'assassinat politique de leurs faits tout personnels à ces monstruosités humaines. Est-il donc essentiel de s'entr'égorger, de s'entre-voler, pour se socialiser? Ces monstruosités peuvent-elles croire, ou faire croire, ou toujours rendre durable l'application de leurs systèmes sociaux au vol ou à la destruction? Ce tout des fonctions mutuelles entre les membres de la nation française jusqu'à ce jour ne se résume-t-il pas en combats incessans entre les facultés, entre les positions différentes et particulières à chaque membre, et plus encore à la liberté de pouvoir les développer? Pauvres de facultés ou de possessions, mais non de force d'action élémentaire, que furent vos prédécesseurs, qu'êtes-vous, que deviendront vos enfans, vos successeurs? Toujours des victimes de tout développement des facultés supérieures aux vôtres. Quels sont les mobiles de ces combats de facultés, sinon d'imiter, de chercher à obtenir, ayant obtenu, cherchant à obtenir sans mesure arrêtée, fixe? Pauvretés de facultés ou de matériaux essentiels si nombreux, qui ne pouvez pas développer les facultés que vous ne possédez pas, ou impossible à votre situation de les développer! Que faire à cela? Détruire celles supérieures? Alors vous manquerez d'organisation, de socialisation, de protection, et quand même vous seriez vainqueurs, vous redeviendriez, aussitôt après la victoire, la proie d'autres sociétés, et plus victimes encore par les facultés supérieures. N'ayez donc qu'une idée fixe pour employer votre force physique élémentaire d'action : c'est de maintenir envers et contre tous la République et le suffrage universel, votre seule ancre d'avenir et de salut, et, par-dessus tout, respecter ce qui émane de la majorité des membres de la législative. Alors tout mûrira à son temps; ces monstruosités systématiques personnelles s'effaceront ou périront.

Je me suis écarté malgré moi, voulant couler à fond ce passage de leur présence; je reviens donc à dire : La nation française, après tant de siècles écoulés en monarchies tour à tour renversées, toujours rendues héréditaires par leurs usurpateurs, ne fut toujours divisée qu'en trois genres de coteries qui étaient, celle mobilière, celle religieuse et celle productive ou populaire. Peu importent leurs divisions et fusions, pour, en fin de cause, arriver à posséder un nouvel axe de gravité social appelé la République? La chose existe. Ce titre devint donc le précipité tombé au milieu de cette dissolution sociale. Inutile, comme fondement d'édifice du socialisme, de chercher dans cette première éruption, dans cette lave encore brûlante, les matériaux ensevelis, pulvérisés, disséminés, de tous les siècles précédens. Ce tout de 93 se résume d'ensemble comme justice terrible, expiatoire, des responsabilités méritées pour les idoles, pour leurs coteries et leurs idolâtres, méritées pour toutes sociétés d'idoles et d'idolâtres de l'homme. Quels furent les résultats? De recommencer; car, en résumé, les survivans, la coterie populaire bien que souveraine, n'étaient qu'agités sans fixité, étaient retombés à leur état d'inertie normale; mais dire qu'ils étaient tous égaux, tous libres, souverains et rois d'eux-mêmes, c'est comme si je disais : Ils étaient arrivés à être tout, à n'être rien que ce qu'ils étaient avant les mêmes hommes, ou des rois, moins l'apanage royal. Chaque membre ne fut donc roi que de lui-même comme maintenant, n'en déplaise aux idoles tant désireuses de le devenir. Comme les anciens aussi, ces idoles ne se firent-elles pas attendre? Peu leur importaient les périls, elles étaient aguerries par de récens exemples. Réussir à satisfaire leurs convoitises, ou mourir, tout était là. Ces idoles-là n'avaient pas aboli la peine de mort pour les délits politiques, par là ils prouvaient avoir le courage de leur dire et de leurs faits. Il fut donné aux facultés d'un homme, membre de la société, de les vaincre, de les soumettre, et de le laisser se faire couronner par sa coterie empereur des Français. Alors, membres, idoles et coteries autres que la sienne perdirent par ce fait leurs titres de rois, ils redevinrent des sujets; les trois coteries de toute éternité revinrent à leur état normal. La puissance spirituelle seule avait perdu sa puissance d'action matérielle. Un seul homme fut donc encore le propriétaire de fait de tous les membres de la société. Ce règne fut de courte durée, car il advint à cet homme libre comme à tout homme à idées fixes libres, inébranlable dans l'application et la mise en pratique de son idée, ou d'un système, ou d'un mécanisme à fonctions régulières, dont la force motrice et le modérateur n'ont pas été bien calculés, n'étant pas en rapport dans leurs fonctions. Ils s'entre-détruisent tous.

Tel fut et sera de toute éternité le sort réservé à l'homme libre, ou roi, ou systématiseur libre de pouvoir. Appliquer par lui-même ses idées personnelles aux fonctions sociales, à moins, cas fort rare, qu'une fois son système en pratique, en fonction, il n'abdique et ne contraigne les membres de sa famille, sa coterie, et, quel qu'il puisse être, le membre de la société, à n'être plus que des fonctionnaires salariés, responsables, ne devant obtenir n'importe quel emploi que par des prix de concours, des capacités et le mérite personnel de l'obtenir; voilà quelle eût été l'immortelle abdication que ce génie de la guerre aurait dû méditer, consacrer et léguer à ses concitoyens, au lieu d'avoir eu à supporter les responsabilités de ses envahissemens insatiables. Il disparut de la scène de ses exploits; sa coterie fut disséminée, fusionnée; les survivans aux droits monarchiques héréditaires profitèrent de tous les développemens et productions ingénieuses de ce règne, et se replacèrent en son lieu et place; les gouvernés reprirent leurs élans dans leurs fonctions et productions sous l'égide de la liberté industrielle, commerciale et spéculatrice. C'était tout ce qu'ils avaient obtenu en échange de tant de sang répandu, comme toujours, pour soutenir l'idée d'un homme libre de la mettre en pratique, et cela en échange de leurs naissans systèmes de républicanisme.

L'émulation par la concurrence gouvernementale reprit donc son développement dans les genres de coteries, comme aussi en tous genres d'industries, de commerce et de spéculations. Le règne des hommes capables de tout commence, comme aussi celui des écrivains et des capacités orales; les uns et les autres font tout pour devenir têtes de coteries des idoles populaires, ou de toutes les passions et misères sociales. Les facultés de tous genres vont en faire autant; les réussites, les insuccès vont obtenir leurs effets ascensionnels; l'égoïsme de la personnalité, la corruption, les machiavélismes jésuitiques en deviennent les conséquences : combat des facultés, des positions, guerre entre les gouvernans et les gouvernés, guerre de coterie à coterie, et dans le sein de chacune d'elles, tels furent les effets et conséquences de points de départ faux, de systèmes sociaux tout individuels à l'homme libre, ou à une coterie libre, ou en puissance souveraine. Ainsi s'écoulèrent les deux règnes remplaçant le règne de l'Empire. Le premier règne fut la réussite, ou l'homme-roi mourant sur son trône, ayant fait prévaloir et réussir quelques jours son idée, sa politique rétrograde; mais il n'en fut pas de même pour l'héritier de ce trône; il avait à subir le premier temps d'arrêt du développement de la concurrence industrielle et commerciale qui, joint aux idoles envahissantes de positions gouvernementales, forma une trombe élémentaire qui le renversa de son trône et le jeta sur un sol étranger.

A ce cataclysme succéda une royauté toute populaire, puisqu'elle fut trônée comme n'étant qu'un de ses citoyens; c'était un droit, un fait de conquête élémentaire populaire. Ainsi donc un homme de caste royale est trôné par les effets du premier temps d'arrêt industriel, et non comme une essentialité de renversement d'un despote, d'un oppresseur des libertés d'organisation sociale, comme ne cessent de le prôner les pauvretés démocrates. Une fois trôné, qui ne sait les laborieux travaux, la remise en train et les alimens essentiels à fournir à la progression toujours croissante des développemens industriels de tous genres existant alors? Cette nécessité d'actualités forma l'idée fixe de possibilités d'organisations sociales pour cette nouvelle royauté; mais elle eut affaire à un élément explosif et destructible de tous systèmes sociaux, si on ne commence pas avant tout par constituer les freins ou modérateurs de ces effets explosifs. Telle fut sa très-grande faute. Ce roi les développa au lieu de les arrêter; son génie trop personnel n'en prévit pas les effets. Aussi arriva-t-il jusqu'au jour de l'explosion sans être en mesure de faire face à l'orage. Ainsi donc aucun roi ne sut mieux que lui alimenter, développer toutes les hautes industries et les spéculations, comme aussi les envahisseurs insatiables de positions gouvernementales, sinon dans les dernières années de son règne. Aussi, au lieu de se former une puissance physique guerrière tout d'abord, qui par quelques faits d'armes aurait obtenu la paix, il se serait formé une puissance d'action intelligente, législative, essentielle à la répression, à la socialisation de ses membres quoiqu'à moitié corrompus, ou bien, ce qui eût été plus dangereux à employer comme puissance d'action, mais d'un résultat certain pour un génie socialisateur, c'eût été de connaître la puissance élémentaire particulière à chacune des trois coteries existant de toute éternité dans les sociétés. Ayant une fois reconnu être celle populaire, il aurait agi en connaissance de cause. Mais il ne faut pas chercher à la tromper, car c'est se tromper soi-même. Le tout est de savoir en user et non en abuser. Ce n'est donc que par des réalités, et en leur accordant des lois d'amélioration, d'organisation, qu'on peut en faire une puissance d'action intelligente. Alors cette puissance aurait pu soumettre les deux autres; mais il crut être plus fort en employant et développant la puissance gouvernementale et celle de la haute industrie, celle commerciale et celle de toutes spéculations; ou plutôt, en séduisant ou corrompant, et faisant mouvoir la majeure partie des têtes de coteries, il ne fit pas attention qu'il avait à lutter, non-seulement contre la coterie démocratique, que produisent les insuccès, les misères de l'émulation par la concurrence sans freins organiques, et de plus contre l'élément qui l'avait trôné, et contre le principe toujours progressif de la socialisation des sociétés, malgré l'imperfectibilité humaine de quelques-uns de ses membres existant de toute éternité dans leur sein. Il fut donc parjure, impopulaire, oublieux envers les nécessités de socialisation et d'homogénéité durable entre ces membres; il ne fut gouvernemental que d'actualité, et non socialisateur d'avenir. Dix-sept années s'écoulèrent ainsi en débats, en combats, en assassinats politiques, tous personnels à la coterie des envahisseurs; tous les genres de possibilités de développemens en machiavélisme, en corruption gouvernementale, en immoralité déhontée dans toutes les classes, formèrent des coteries; le macairisme dans toutes spéculations ou productions, la destruction du sentiment des responsabilités entre concitoyens eut lieu; ayant perdu tout civisme, tout patriotisme, ce grand échafaudage d'idéalisme s'affaissa sur lui-même et fut dispersé par le souffle ou la trombe élémentaire populaire qui l'avait trôné; il succomba donc au deuxième temps d'arrêt du développement de la concurrence industrielle et spéculatrice des envahisseurs gouvernementaux. Cette trombe furibonde tourbillonna pendant vingt-quatre heures sur Paris, arrachant, déracinant tous les axes de coteries, de royauté héréditaire et autres. Pendant cette tourmente, partie des membres terrifiés se cachèrent; les audacieux firent face à la tempête, qui se calma d'elle-même sur le sol où elle s'était formée. Un axe de gravité sociale s'était formé pour la deuxième fois pendant cette tourmente : ce fut l'axe de la République.

Tels furent les causes, les conséquences, les résultats de ces dix-sept années du règne du plus influent et grand génie poliquc machiavélique des têtes couronnées d'Europe; cependant, quels qu'aient été les torts du roi Louis-Philippe, justice soit rendue à ses derniers momens de royauté; car qui ne sait, qui n'a compris ou peut se refuser à comprendre, en face des faits accomplis, toutes les luttes qu'il eut avec sa conscience en ce moment d'anéantissement de toutes les combinaisons de ses systèmes sociaux-gouvernementaux, cette chute imprévue pour lui, pour sa famille par la perte de tous ces fastes et positions sociales, étant arrivé à ce moment suprême où une parole royale peut encore dicter, commander le mitraillement et la mort de cinquante mille de ses concitoyens, pour soutenir son idée fixe? Pourtant jusqu'alors il avait transigé avec sa conscience en donnant raison à son idée; mais, en ce moment d'apparition des réalités matérielles, elle l'emporta, non par manque de courage, car il est avéré qu'il était brave et sans peur, puisqu'il avait fourni ses preuves. Il est avéré de même qu'il pouvait réunir ses troupes autour de Paris, en supposant qu'il fût obligé de battre en retraite, et de le cerner, pour composer avec les audacieux, soit politiquement, soit par le canon. Quels qu'eussent été les résultats, le sang de ses concitoyens aurait coulé. Tous les horribles souvenirs de 93 s'offrirent à sa mémoire. Homme humain, homme de mœurs pures, convaincu de son éternité, il comprit toutes les responsabilités de sa situation et les conséquences entraînantes de son fait; il sublimifia ses décisions, sa conscience l'emporta; il renonça à toute sanglante entreprise, à toute nouvelle machiavélique combinaison; il mourut roi en victime de son idée fixe et de son application idéale en systèmes sociaux. Tels furent, tels sont les résultats, tel est le jour de l'apparition des réalités pour l'homme-roi, comme pour tout individu qui veut rendre l'idée en systèmes sociaux applicable, malgré l'étude et les lois immuables des principes de l'animation de l'univers et la régularité de leurs fonctions. Il en est donc des fonctions mécaniques, des sciences abstraites, comme de toutes celles appartenant au développement des facultés de l'espèce humaine.

De l'état social de la nation française et de ses coteries, à la réapparition de la République.

A ces jours de tempêtes élémentaires du développement de la concurrence entre les capacités parlementaires politiques, comme aussi au débordement toujours progressif en tous genres d'industries et d'industriels, de démocrates, de tous genres de spéculations, à ces jours de dévastation et pillage de monarchie succéda, sinon le calme normal, mais bien la faculté de reprendre ses sens et conscience de ses faits ou plutôt de la position faite à chaque participant à cette éruption sociale pour l'universalité de ses membres; alors, dis-je, il fut visible pour tous que les audacieux, que les têtes de coteries seules avaient proclamé la République, et qu'ils s'étaient cramponnés autour de son axe de gravité comme premier moteur d'impulsion. Vinrent après les retardataires pour cause de détention politique et autres, qui se ruèrent dessus, et en troisième couche les réactionnaires et réformistes joints à tous les trembleurs possesseurs que l'apparition imprévue de la République avait terrifiés; ce qui réforma les trois coteries normales et par le fait trois puissances opposées entre elles, quoique contraintes de se mouvoir, de se fusionner et d'être en contact incessant entre elles, ou de s'entre-détruire toutes. Le cri divin de l'ordre devint l'axe d'agglomération qui sauva du carnage la société. Il forma une puissance supérieure à la puissance destructive; elle enveloppa donc les audacieux, les envahisseurs, les coteries à plusieurs couches de républicanisme, pour les contraindre à être, sinon des républicains de la création du monde, mais, en tout état de cause, à ne pouvoir pas détruire la société de fond en comble en quelques jours. Grâces soient rendues aux créateurs, aux effets élémentaires du principe conservateur des sociétés. Cette union pour l'ordre forma donc le premier équilibre entre les puissances destructives et conservatrices, qui sauva la nation. La République ne fut pas traînée dans la fange et dans le sang humain, comme à sa première apparition en 93; la destruction de la société, quoique imminente, si l'idée des audacieux fût restée la puissance dominatrice, ne put donc se consommer. Cette intensité destructive perdit chaque jour de sa force d'action; force fut donc de même à chaque genre de convoitise ou d'ambition et de coterie déçue, de rester attaché à la condition d'existence qui les alimentait auparavant, ne pouvant être tous fonctionnaires gouvernementaux; force fut de même aux voleurs d'être convaincus de la responsabilité de leurs vols ou assassinats, quand même ils eussent soutenu que c'était pour la bonne cause du socialisme; force encore au développement des facultés de toutes ces capacités et incapacités littéraires, aux écrivains journalistes et journaliers, ou têtes de coteries ou clubistes, de se reposer en idoles, en défenseurs du peuple, ou en victimes, pour obtenir de nouveaux matériaux d'actions destructives de l'homogénéité qui doit exister entre l'universalité de ses membres. Telle fut la première période de ce cataclysme social, si mal interprété par la coterie de l'ordre, par les membres si intéressés à en faire l'œuvre de la régénération sociale; tels sont, comme toujours, les effets ascensionnels et rétrogrades de cette coterie qui, après avoir manqué de courage ou de dévouement stoïque, de civisme envers leurs socialisations, après avoir été lâches et serviles adulateurs du veau d'or, ou thésauriseurs insatiables, se faisant tuer plutôt que d'abandonner quelques parties de leur avoir pour empêcher de renverser leur roi, emploient, aussitôt qu'il est détrôné, tous les moyens pour en retrôner un autre. Telles sont les coteries de tous les genres de monarchies et autres qui, après tant de conspirations, de débats, de combats, d'assassinats, en sont arrivés heureusement à manquer, quant à présent, de matériaux d'actions pour retrôner leurs idoles; elles sont donc sans homogénéité, et seront forcées de se détruire toutes entre elles, ou de devenir adhérentes, bon gré mal gré, à l'axe de la République.

De l'état normal des membres de la société du développement actuel des facultés.

Quoiqu'en dissolution et confusion incessante, tous les intérêts communs à chaque coterie se relient entre eux malgré leur divergence, pour se fusionner tout naturellement, comme leur instinct pour l'ordre les y pousse; mais il n'en est ainsi que quand l'ennemi commun, les destructeurs, les attaque; ils ne comprennent même pas, étant sortis de ce péril, qu'ils ne le doivent qu'au principe surhumain conservateur de l'animation de l'univers. Aussi, après le combat, les coteries, les personnalités en reviennent-elles à leur état normal de machination, qui ramène en scène les mêmes effets, jusqu'à ce que destruction et mort s'ensuive pour tous.

Ainsi donc ils ne voient au travers de leurs personnalités qu'une révolution toute politique, toute monarchique, ou démocratique, ou une conquête de plus ample liberté, et non le deuxième temps d'arrêt industriel et commercial, quoiqu'ils fassent la conséquence forcée de la République et la réforme de toutes ces personnalités. Rien, ou à peu près rien, n'est donc changé quant à leurs espérances dans un avenir rétrograde; il en est de même des destructeurs, plus rétrogrades encore quant à leurs efforts incessans pour détruire le développement des facultés des membres de leur société et les ramener à l'état sauvage. Ces pauvretés de facultés ne jugent l'humanité que d'après elles. Le tout est donc de démasquer ces êtres misérables, qui ne sont que des Loyolas politiques de toute éternité, dont les escobarderies ne peuvent empêcher la lumière divine des principes immuables d'é. lairer leurs monstrueuses convoitises, et tous leurs crimes passés, présens, et ceux qu'ils méditeront toujours. Revenant à l'état normal des membres de la société, toujours des gouvernans et des gouvernés, des possesseurs ou des non-possesseurs de facultés, ou de positions sociales ou de choses matérielles; toujours des habitans des campagnes et des habitans des villes et des centres manufacturiers; toujours à peu près les mêmes mœurs, la même structure de l'homme agriculteur, la même économie dans la vie domestique comme dans les emplois de leurs comforts mondains, quand au contraire maintenant, à l'égard des habitans des grands centres manufacturiers, c'est un mélange de richesses et de misères, se choquant, se froissant, s'entr'exploitant en raison de leurs facultés ou par la nature de leurs positions divergentes, ou d'hommes devenant riches en quelques jours, ou de riches devenant misérables, ou d'autres ne cessant d'être toujours l'un et l'autre, des intelligens de tous genres d'industries, à existences problématiques, des hommes à tout, capables de tout quand même; les facultés, les matériaux de réussite ne s'arrêtant qu'en présence de la mort civile, des responsabilités de leurs faits. Toujours déperdition de mœurs, de races, de civisme, déperdition de sentimens respectueux envers les aînés et de convictions des responsabilités terrestres et éternelles; hommes d'un jour n'ayant pour mobile de leurs actions que la satisfaction toute personnelle de leurs sens, n'interrogeant leurs consciences dans leurs productions, actions ou déclamations orales, que sous le rapport de la possibilité de la réussite de leurs combinaisons, ou de l'idée, ne se demandant pas si ces résultats seront attentatoires, criminels à autrui, ou destructifs, antisociaux; le jésuitisme politique, le macairisme, la corruption, l'égoïsme, le luxe usurpé, démérité, la vanité, l'effronterie, la forfanterie, vu le manque de pénalité, faisant abandon de toute dignité d'hommes publics ou particuliers, se crapulisant gouvernementalement comme orateurs ou comme écrivains pour arriver à quelques positions gouvernementales plus avantageuses, ou, dans leurs plaisirs mondains, s'entre-singeant, et succombant l'un et l'autre en Borgias, sous le poids de leurs excès et de tant d'exemples immondes, et devant les réalités qui démasquent tous ces fantômes de puissance artificieuse, ou si misérablement décomposés: tel est l'état vital, normal, trop péniblement reconnaissable qu'ont produit les développemens d'ensemble des facultés humaines, étant sans freins, sans responsabilités mutuelles, et privés de lois organiques qui préviennent leurs débordemens; tel est l'état scrofuleux de la grande partie des habitans et indigènes des grands centres de population industrielle actuelle, que la République peut seule être appelée à panser, à soulager, sinon à guérir. Mais pour cela il faut qu'elle devienne puissante par l'agglomération à son axe de gravité, de la partie saine de ses membres, et non des coteries, dont elle est infectée; il faut que cet élément de l'ordre, qui ne fonctionne qu'à l'état instinctif de la conservation, devienne intelligent, devienne socialisateur, ou pas plus de salut pour la République que n'en eurent les précédentes monarchies, le néant pour fin de ces développemens de tous genres de concurrence. Tels sont le résumé d'ensemble, les résultats, les mœurs, les fonctions, les actions, les systèmes sociaux, qu'ont légués de siècle en siècle les têtes de coteries, les chefs temporels et spirituels, se trônant et se détrônant, en puisant leur puissance, leurs matériaux d'action dans la coterie des prolétaires ou dans la leur. Que légueront à nos successeurs toutes ces capacités et incapacités littéraires ou orales, toutes ces idoles populaires insatiables, quoique reconnaissant bien l'état misérable, corps et sentiment, où elles les ont graduellement fait descendre? Ainsi donc, si la République manque de puissance pour prévenir les effets destructifs de ces monstruosités représentant le principe destructif sur terre, néant de la société, c'est aux membres intelligens de faire fusion et justice des destructeurs, et de soulager les misères, seuls matériaux de ces monstruosités, ou de rester responsables de tous les cataclysmes et ruines sociales qui en surgiront; ce n'est que dans l'union franche et sincère à l'axe de la République, dans le respect quand même à ce qui émane de la majorité de la chambre législative, que des améliorations peuvent avoir lieu; sinon pas de salut.

Premier projet de réforme.

Je le dirai tout d'abord, et répéterai à satiété, la France a pour axe de gravité sociale la République; les Français sont de fait républicains, ou ils ne sont pas conséquens avec leur cri de l'ordre qui seul maintient la République. C'est donc leurs intérêts personnels qui les fait agir d'ensemble instinctivement et individuellement en sens inverse à leur mot d'ordre, et cela pour satisfaire leurs intérêts tout particuliers si mal compris, comme leurs espérances et désirs rétrogrades d'avenir. Si on en juge par le nombre des coteries qui existent sous tant de masques opposés à leurs déclamations, alors on reste convaincu qu'il n'y a à peu près que la République qui soit réellement républicaine. N'est-il pas avéré que ses plus chauds adhérens sont plus que républicains, que d'autres ne le sont pas assez, devant l'être dans l'intérêt de leur conservation, et enfin que les plus intéressés à l'être ne le sont pas, et font tout, non pour la détruire, puisqu'elle est immortelle, mais pour la renvoyer à d'autres sociétés, comme précédemment d'autres coteries l'ont fait à l'égard des rois? Je dirai donc : Ceux qui ne sont pas républicains forment la coterie nobiliaire et fortunée, parce qu'au lieu de leur être avantageuse, elle leur est toute contraire comme position fortunée et titres héréditaires supprimés; car, sous la République, il faudra mériter et se devoir tout à soi-même, et, comme homme fortuné, être d'autant plus contribuable et responsable, que l'État sera chargé de secourir les nécessiteux, tout devant être prévu et organisé à l'état républicain de fait, et non d'idée. Il résulte donc qu'elle leur est personnellement onéreuse; mais, en échange de ces idéalités de titres, leurs possessions, leurs positions sociales, seront reconnues légitimes et sacrées par tous les membres; devenus mutuellement responsables, ils seront, comme tous, à l'abri des cataclysmes sociaux, ou des émeutes et des destructeurs; il y aura donc plus que compensation dans les minimes contributions ou responsabilités comparatives qu'ils auront à supporter. Quant à ceux qui ne sont que peu républicains et tout disposés à le devenir fermement, ce sont tous les industriels agricoles, manufacturiers et commerçans; ils crieront bien un peu quand viendront les réformes qui les concernent, mais, comme elles seront de toute justice, de toute essentialité, toutes dans l'intérêt général, et non des débats et combats de concurrence de facultés, où celles supérieures seules ont gain de cause, comme de droit, ou comme débats et combats de personnalités favorisées, ou pouvant l'être par la corruption en puissance gouvernementale; alors, dis-je, la conscience qu'ils auront ou prendront forcément de leurs faits, les rendra soumis, et, de plus, en fera de réels républicains. En dernier lieu, quant aux républicains à outrance, qui sont, comme furent les royalistes, qui l'étaient plus que leur roi, ces trop républicains sont les individualistes, les insatiables envahisseurs, les accapareurs ou les destructeurs de ce qu'ils convoitent, s'ils ne peuvent l'obtenir. Ces hommes destructeurs de toute éternité, c'est l'espèce humaine étant plus ou moins libre de développer ses facultés, soit individuellement, soit d'ensemble, parmi les membres d'une société. Ces hommes, ces têtes de coteries manqueront de matériaux d'action, si la République cesse d'être une idée de république; elle doit être une réalité républicaine pour tous. Quoi de plus simple à reconnaître que le type distinctif de ces misères humaines à l'état libre? Soit chef temporel ou spirituel, soit littérateur ou écrivain journaliste, soit orateur gouvernemental ou clubiste, il n'enseigne que la propagande armée en démocratie, en socialisme, que la destruction d'une chose par l'autre, ou d'un genre de classe par l'autre, et non l'homogénéité possible entre les membres de la société, vu qu'elle ne peut être que contraire à la position que leur assignent leurs facultés ou les liens qui les contraignent de gagner légitimement leurs alimens, et non aux dépens d'autrui. Peu leur importe donc de rompre ce lien qu'ils disent être les chaînes de l'esclavage, qui existeront de toute éternité dans les sociétés. L'essentiel est donc que nul membre de la société ne puisse les briser pour détruire la société ou pour voler ou assassiner leurs semblables; il faut donc que tous les membres de la société coopèrent à la fabrication de ces chaînes pour qu'elles deviennent indestructibles à l'égard de celui de ses membres incorrigibles qu'il faudra y tenir; tels sont et doivent être les effets, les résultats du suffrage universel. Ainsi donc leurs escobarderies sont aussi vieilles que l'espèce humaine sur le globe; le résumé de leurs problèmes est qu'ils veulent, quand même les moyens, vivre largement, somptueusement, aux dépens d'autrui et des pauvretés même de positions ou de facultés, seuls matériaux d'action parmi eux pour obtenir l'objet de leurs convoitises. Tout est là. Attendra-t-on, laissera-t-on sans le prévoir, sans le prévenir, la concurrence industrielle, commerciale et spéculatrice, la démagogie, la démocratie, qui en sont les conséquences, produire les mêmes effets que les concurrens en monarchie, en religion, c'est-à-dire que la nation française s'entre-détruise? Telle est la question de vie ou de mort de la nationalité. Les effets sont les mêmes comme destruction, sinon que les destructions de monarchies ou de puissances spirituelles ne sont que quelques têtes de coteries ou partie de leurs matériaux de moins; mais ce ne fut en somme jusqu'alors que de minimes particularités quant à l'ensemble de la société. C'est donc toujours la nation française gouvernée par elle-même; mais il ne peut en être ainsi des effets et résultats de la concurrence industrielle; elle agit élémentairement, et peut devenir une puissance surhumaine quant aux membres de la nation. En ce cas, rien qui puisse résister à cette explosion; cette trombe dévastatrice renversera tout aussi bien la République, et fera champ libre pour que d'autres populations en prennent possession. Ne reste-t-il pas avéré que, privés d'écoulement de tous ces produits qui, de dégradations en dégradations de prix et de valeurs réelles ou essentielles, sinon aux indigènes des villes, qui, par le contre-sens de la plus grossière bestialité, ne veulent reconnaître que la blouse comme vêtement républicain, démocrate et socialiste? Que deviendront alors les industriels producteurs d'autres produits que la toile? Les uns ou les autres de ces industriels en viendront-ils à être forcés de manger leurs produits, ayant détruit les consommateurs de tout genres d'industries, ou en contraignant, le couteau sur la gorge, les agriculteurs à échanger leurs produits pour un morceau de pain, première nécessité et condition d'existence? Tout est là pour tous.

Voilà le résultat du développement sans frein et de cette confusion dans laquelle sont tombés les industriels et leurs industries. Ce qui existe est; le tout est donc, puisqu'il en est temps encore, de faire quelque chose pour constituer un avenir social. Ce qui est réel n'est pas politique, ce qui est idéal n'est pas applicable en systèmes sociaux; c'est un crime. Ce qui est encore très-possible ne le sera plus dans quelques années. Il faut donc procéder élémentairement, puisque les développemens sont devenus élémentaires pour soumettre les personnalités; il ne faut pas dresser pour eux d'innombrables échafauds, comme les misères de la destruction l'enseignent à leurs matériaux d'action, mais bien priver les chefs de matériaux de destructions d'ensemble pour que l'homogénéité existe. Pour cela il faudrait de prime abord ne tenir aucun compte de toutes les récriminations démagogiques et démocratiques de ces misères humaines, ou minorités systématiques pour la destruction, sinon les renfermer quand elles transforment leurs dévergondages en actes matériels, en résultats antisociaux. Il faudrait avant tout que la République se purgeât de tous ces démagogues étrangers et pensionnaires de l'État, et leur refuse même entrée en France s'il ne possède pas de quoi subvenir à leur existence, sans être contraire à aucun membre de la société;

quant à ceux qui y résident, qui exercent une industrie quelle qu'elle soit, les renvoyer, s'ils ne veulent pas se naturaliser, s'attacher corps et facultés à la patrie pour qu'ils n'appauvrissent pas l'État. Est-ce de la philanthropie républicaine de voir se tordre et mourir dans les convulsions de la misère, de la faim, les siens, et de faire des pensions à des révolutionnaires, à des propagandistes de la destruction, sans autre responsabilité de leurs faits que de se sauver en France? Il faudrait que la République rendît tous ses membres mutuellement responsables, et ne laissât mourir de faim aucun de ses enfans, qu'elle organisât sur tout son territoire des invalides civils et des pensionnaires pour éteindre d'une part la mendicité, ce qui est un crime social: et d'autre part, ce qui relèverait la dignité de ses membres à leurs propres yeux, ses membres seraient, ou dépourvus de facultés et de moyens de pouvoir s'alimenter, et alors ils seraient les invalides civils, ou autrement ils seraient forcés, par leur labeur, par les économies possibles à leur genre de professions, à devenir pensionnaires et non mendians, ou hommes de cœur préférant mourir plutôt que de mendier leurs alimens. Le tout n'est donc que de savoir organiser, et rien n'est plus simple que l'application de ces lois organisatrices. Il faudrait de même, par des lois, contraindre par corps ou par amendes tous les membres de la société à suspendre le genre de travail, d'industrie, de commerce, quelle que soit la profession, les dimanches et fêtes reconnues; il va sans dire que cette loi, toute physique dans son exécution à la lettre, aurait ses exceptions quant à l'agriculteur, quant aux états d'alimentation et de récréation en usage. Ces exceptions seraient établies, mais ceux qui exerceraient ces genres d'industries n'en seraient pas moins contraints de suspendre leurs travaux un jour sur sept.

Ici se terminent les premières réformes que j'ai pensé devoir être applicables de prime abord. Viendraient après celles si nécessaires en matière électorale. Mais si je m'étais plus étendu, j'aurais manqué de moyens pécuniaires pour les faire imprimer. Cet abrégé n'est que la dixième partie de ce qui constitue mes analyses du corps, des organes et des facultés humaines dans leurs développemens en systèmes sociaux. Si mes concitoyens font accueil favorable à ce simple aperçu de mes études, ce dont je doute fort de mon vivant, l'ensemble paraîtra plus tard. En tout état de cause, ces citations, ces méditations, seront toujours d'actualité à toutes époques, et, quelle que soit la société, il est bien avéré par les réalités toutes crues, toutes brutales qu'elles renferment, que je n'ai pas convoité le fiévreux assentiment d'aucune coterie, ni voulu faire de la brocante littéraire, et, quand même je l'aurais voulu, je ne l'aurais pas pu, n'étant pas un littérateur, étant dépourvu même de la plus simple instruction. Quelques lectures de sciences abstraites et d'histoire naturelle développèrent mes facultés, et me rendirent observateur infatigable de celles de tous les corps et des moteurs de leurs développemens. Cela m'a suffi pour connaître tout ce qui est possible à mon espèce. Ce ne sont donc pas des commentaires, des idées, des ergotages que je pouvais écrire, mais bien des faits, des fonctions de principes immuables, fournissant les preuves à l'appui. Tout est là.

www.ingramcontent.com/pod-product-compliance
Lightning Source LLC
LaVergne TN
LVHW020258230826
846091LV00006B/2472
9782011769398